AF242564

LA

NOUVELLE-CALÉDONIE

EN 1872

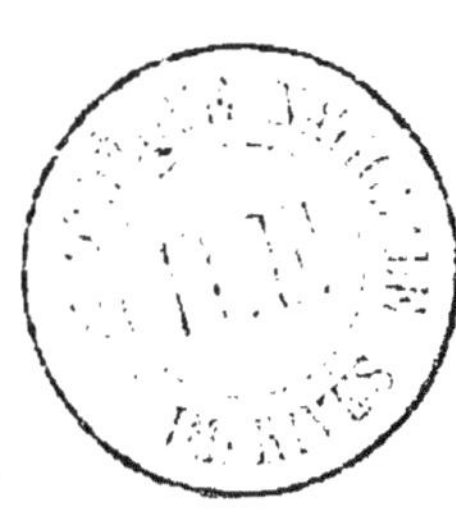

Par M. MÉNIER

PARIS

TYPOGRAPHIE A. HENNUYER

RUE DU BOULEVARD, 7.

—

1872

POUR PARAITRE PROCHAINEMENT :

LA NOUVELLE-CALÉDONIE EN 1871

ou

MANUEL DU COLON

PAR MÉNIER

Fondateur de la ligne régulière de l'Océanie, ancien rédacteur en chef
de *la Liberté coloniale.*
Rédacteur en chef du journal *le Travail national.*

A l'aide de cet ouvrage, l'homme du monde sera complétement éclairé
sur le présent, le passé et l'avenir de cette intéressante colonie. — Le
colon agriculteur de bon sens, en suivant les indications qu'il donne, sera
apte à opérer toutes les cultures coloniales de grand produit.

SOMMAIRE

Chap. i. Historique. — Chap. ii. Topographie. — Chap. iii. Productions
agricoles, minérales, marines. — Chap. iv. Industrie, commerce, fi-
nances. Rapports commerciaux. — Chap. v. Populations blanche, noire
transportée. — Chap. vi. Etat administratif et politique. — Chap. vii.
Administration de la justice. — Chap. viii. Aliénation des terres. Ar-
rêtés. — Chap. ix. Les mines d'or du Diaot. — Chap. x. La transportation dans ses rapports avec les colons. — Chap. xi, xii, xiii, xiv, xv,
xvi et xvii. Détails techniques pour la culture du coton, de la canne à
sucre, du cafier, du mûrier et du maïs. — Chap. xviii. De l'établissement du colon et de ses revenus. — Chap. xix. Comment on se trans-
porte à la Nouvelle-Calédonie. — Chap. xx. Résumé.

Pour souscrire à ce volume de 250 à 300 pages in-8º, adresser 3 fr.
en mandat ou en timbres-poste, à l'*Office général d'émigration,* boulevard Poissonnière, 25, Paris, ou 17, rue Clapeyron, à MM. Nicolas et Cº,
éditeurs-propriétaires du journal *le Travail national.*

LA NOUVELLE-CALÉDONIE

EN 1872

Notions préliminaires.

Le climat de la Nouvelle-Calédonie est tempéré ; l'air y est pur et sain ; l'habitation en est agréable ; les vivres y sont à bon marché ; le poisson y abonde, et tout le confortable de la vie civilisée peut y être rassemblé à peu de frais.

Quoique sise entre les tropiques, cette colonie, par une faveur particulière de la nature, peut être cultivée par les hommes blancs. La culture directe de ses terres fertiles, qui produisent le coton, le café, la canne à sucre, en même temps que la vigne et les céréales, est facile pour l'Européen qui n'a pas plus à redouter, en Calédonie, de travailler aux champs, qu'il ne le redouterait en France.

La loi du déplacement.

Les populations ne se déplacent que pour être mieux, c'est-à-dire pour obtenir plus de produits avec la même somme de travail ; autrement dit encore, pour pouvoir mettre davantage de côté, sans travailler plus, et constituer le plus vite possible, par du travail, de la bonne conduite et de l'économie, un honnête patrimoine à la famille.

Sous ce rapport, la Nouvelle-Calédonie présente des avantages qu'AUCUN PAYS du monde ne peut offrir.

Parallèle avec la France.

A la Nouvelle-Calédonie, l'hectare cultivé produit :

En coton et maïs,	2 000 fr.
En cannes à sucre,	1 936
En cafier,	3 400

Une famille de trois personnes, réduite même à cultiver la terre à la bêche, doit arriver aisément à avoir mis en culture, en quatre années, et sans préjudicier à ses revenus maraîchers :

3 hectares de coton et maïs produisant brut	6 000 fr.
1 hectare et demi de cannes à sucre,	2 934
3 hectares de cafier, alors en pleine récolte,	10 200
Produit brut total,	19 134 fr.

dont il faut déduire les frais d'entretien et de culture, qui auront profité à la famille, si elle cultive elle-même, soit environ,

	3 750
Soit net,	15 384 fr.

La même famille en France, en travaillant beaucoup plus, en prenant bien plus de peine, en se privant davantage, ne pourrait économiser chaque année plus de

	900
Avantage annuel présenté par la colonie,	14 584 fr.

Les travailleurs sérieux, économes, honnêtes ont donc tout avantage d'aller s'établir à la Nouvelle-Calédonie.

Avec un travail moins pénible et la même quantité d'heures d'efforts, ils gagneront vingt fois plus.

Du taux des passages.

Jusqu'à présent, un passager ou une famille ont payé les passages sur le pied de 700 francs par personne adulte, prix justifié autant par la distance que par les avantages que le colon doit rencontrer dans cette colonie. Par une combinaison d'annuités qu'on trouvera plus loin, on peut traiter des passages à des conditions plus favorables pour le passager.

Sécurité de la navigation.

La route suivie par les navires qui partent de France est tout à fait sûre, exempte de calmes et de coups de mer. *L'Emile Pereire*, parti du Havre le 29 juin 1864, un vendredi cependant, fit la traversée en cent dix jours, et personne ne fut malade du mal de mer ; ce navire avait vingt-cinq passagers. *Le Rubens*, de Bordeaux, a fait la traversée en cent et un jours. Mais ces navires étaient pesamment chargés, et l'on doit calculer que la durée moyenne du voyage est de quatre-vingt-dix à cent jours.

Enfin, on peut dire que depuis 1863, année de la création de la ligne régulière de l'Océanie, 32 navires ont accompli cette traversée sans avaries graves.

On double le cap de Bonne-Espérance à 150 ou 200 lieues au sud, et l'on évite ainsi la région des tempêtes. Les vents sont toujours réguliers. Pour la santé du corps, il vaut mieux faire cette longue traversée plutôt que de passer par la mer Rouge, où les chaleurs sont quelquefois étouffantes.

Notions sur la colonie elle-même.

La Nouvelle-Calédonie est située entre les 20°10′ et 22°26′ de latitude sud, et entre les 161°35′, et 164°40′ de longitude est. Elle fut découverte par Cook le 4 septembre 1774. Son nom indigène est Balade. Elle est française depuis 1853.

La Nouvelle-Calédonie est une île longue de 280 kilomètres environ, sur une largeur moyenne de 55. Sa superficie est de 12 à 1300 lieues carrées, y compris ses dépendances, soit de 2,300,000 hectares, dont plus de la moitié sont cultivables.

Elle est montagneuse, coupée de vastes plaines fertiles et parfaitement arrosées. En s'élevant à diverses hauteurs, tous les produits des climats tempérés peuvent y être cultivés avec bénéfice.

Nature des terres.

Toutes les natures de terre se rencontrent en Calédonie. Les premiers arrivés pourront choisir entre les meilleures.

La terre calédonienne est d'un défrichement très-facile. Il suffit presque de la bêcher légèrement pour lui faire produire sa récolte. Pour défricher un hectare de terre et le planter en cannes, on compte généralement dans la colonie qu'il faut de cent à cent cinquante journées de travail. Si l'on a des bestiaux, le travail est encore plus facile. On le comprend très-bien, mais nous parlons surtout au petit émigrant.

La multiplicité des cultures industrielles et des cultures vivrières assure au colon un produit rémunérateur de ses labeurs et un travail régulier, exempt de ces efforts que la récolte exige souvent en France. Chaque propriété est très-variée quant à la nature des terres.

Météorologie et hygiène.

Le climat de la Nouvelle-Calédonie est parfaitement sain et salubre. Les documents officiels constatent que la mortalité y descend à 0,55 pour 100 parmi la troupe contre 1,50 pour 100 en France. Quoique située entre les tropiques, elle jouit d'un climat excellent ; les chaleurs n'y sont jamais excessives, étant tempérées par les brises de terre et de mer qui se font sentir alternativement chaque jour. Les Européens peuvent, sans aucun danger, se livrer toute l'année et à chaque heure du jour aux travaux agricoles. La raison de ce fait peut être attribuée à l'action constante et bienfaisante des vents du sud-est. Les plus grandes chaleurs y règnent pendant les mois de janvier et de février, et ne dépassent guère 32 degrés centigrades. Les mois les plus frais sont ceux de juillet et d'août, pendant lesquels le thermomètre donne une moyenne diurne + 16 degrés à + 18 degrés. Il descend quelquefois à + 9 degrés ou + 10 degrés dans les nuits de mai à novembre. Enfin les pluies fréquentes, mais de courte durée, se répartissent comme suit :

Janvier à avril. . . . . . 41 jours de pluie donnant.		593
Mai à août. 46	—	293
Septembre à décembre. 31	—	393
Soit ensemble.		1^m,279 d'eau.

Ce qui explique et justifie pourquoi le climat de la Nouvelle-Calédonie est si agréable et pourquoi les maladies, propres aux pays chauds, telles que les hépatites, si communes en Cochinchine et au Sénégal, ne s'y produisent jamais. Il fait frais toutes les nuits en Calédonie, et le corps peut s'y reposer agréablement du travail et de la chaleur du jour. Les arbres dont la colonie est couverte contribuent beaucoup à cet admirable climat.

Population. — Villes et villages.

La Calédonie compte à peine 4,000 Européens, mais sa population ne tardera pas à être doublée.

Sa capitale est Nouméa, autrefois Port-de-France, située sur une presqu'île dans le sud de l'île et douée d'un port magnifique. Les terrains urbains du domaine y valent déjà 2 fr. le mètre, et souvent plus ; les autres valent de 10 à 20 francs.

Par le dernier courrier, on apprend que l'aspect de Nouméa change rapidement par suite des grands travaux d'amélioration achevés ou en cours d'exécution. Le nombre des maisons d'habitation et des magasins augmente très-considérablement. Les nouvelles constructions contrastent d'ailleurs agréablement avec les anciennes sous le rapport de l'aspect et du confortable. Le même progrès sensible se remarque dans toute la colonie.

Le même courrier donnant les nouvelles du 10 décembre apporte la certitude qu'une ville allait être fondée près d'Uaraï ; des villages formant centres de colonisation ont été fondés à Paita, Kanala, Yaté, Boulari, Hienguène, Pouého ; et tout récemment au Diaot, où la découverte de *mines d'or* a produit un mouvement très-considérable de population.

Communications postales.

Le service des postes est régulièrement fait entre la France et la Nouvelle-Calédonie. De l'Europe à Sidney par la ligne *Peninsular*, et de Sidney à Nouméa, par un service de bateaux à vapeur, subventionné par la colonie. Il faut cinquante jours pour chaque traversée ; en quatre mois on reçoit donc régulièrement réponse à ses lettres.

Dans la colonie on vient d'établir un service de bateaux à vapeur qui fait le service des passagers et du transport des lettres et des marchandises tout autour de la Nouvelle-Calédonie. Des points de la côte où les lettres sont déposées, elles sont expédiées dans l'intérieur par des courriers indigènes.

Communications commerciales.

Jusqu'à présent la majeure partie des marchandises expédiées d'Europe passe par les navires de Bordeaux ; dont le nombre s'accroîtra avec le développement de la colonie. Cependant pour les marchandises d'un grand prix sous un petit volume, on trouve avantage à les acheminer par les steamers de la compagnie Peninsular, avec transbordement à Sidney. Le prix du fret varie entre 80 et 125 francs par tonneau sur navires à voiles.

Populations kanacks.

La population noire de la Nouvelle-Calédonie compte environ 50,000 âmes, divisées en 37 tribus, sans cohésion entre elles. Cette population ne présente pas d'obstacles à la colonisation. Malgré la réputation de sauvagerie qu'on lui a faite et que certains journaux se plaisent à entretenir, nous ne pouvons croire que c'est simplement par ignorance, cette population est le premier auxiliaire de la colonisation. Le secret d'obtenir ses services dévoués et peu coûteux est bien simple. Il suffit d'être bon et honnête comme les Kanacks.

Ces gens-là, tout noirs qu'ils sont, qu'on le sache bien, savent cultiver la terre, se bâtir des maisons ; ils tiennent à ce qu'ils ont gagné, ne veulent point qu'on leur prenne sans les payer les fruits qu'ils ont fait pousser ; enfin si quelque blanc leur enlève leur femme, ils en sont contrariés, et des injustices telles que le vol et l'adultère les poussent à se venger des ravisseurs. Car c'est à des injustices de cette nature qu'il faut attribuer les assassinats qu'ils ont quelquefois commis, et qui ont été suivies de répressions sanglantes et exagérées.

Nous affirmons avec M. Léopold Ménier, frère de l'écrivain, qui les connaissait bien pour les avoir pratiqués, que, quoi qu'on en dise, les noirs Calédoniens sont les hommes les plus serviables du monde. «Je n'ai jamais fait de mal aux Kanacks, disait-il ; je ne les ai point volés, je ne leur ai point pris leurs femmes ; je les ai payés quand ils me servaient : faites comme moi ; soyez équitables et bons avec ces natures d'enfant ; vous n'aurez qu'à vous féliciter de vos relations avec eux. Quand ils sauront que vous êtes un *homme juste*, vous serez inviolable pour tous, presque *tabou* (sacré). »

Et ce qu'il y a de remarquable, c'est que tous les hommes qui ont vu ces sauvages pensent de même. Le R. P. Montrouzier, aujourd'hui curé de Napoléonville, disait il y a déjà bien longtemps : «En traitant l'indigène avec bonté, on préparera une génération qui vaudra mieux que ses pères. » Enfin très-récemment M. Dauzat, chirurgien de marine de la circonscription de Pouebo, disait : « La race du nord est générale·ment intelligente, sociable et hospitalière. Elle possède à un haut degré les sentiments de la justice et de la bonne foi, l'horreur du vol et de l'ivrognerie, et maintes fois elle a donné aux blancs qui se sont conduits convenablement avec elle, des preuves irrécusables d'attachement et de reconnaissance... »

L'espace nous manque pour continuer ces citations intéressantes ; mais nous affirmons que la race noire, quels que soient les dires de certains journaux, ne peut amener aucun danger pour les colons ou leurs familles, et qu'au contraire les Kanacks seront les premiers et les plus zélés serviteurs que pourra trouver le colon.

Population transportée.

Le colon trouvera également des bras utiles dans les ouvriers de la transportation. Les derniers avis établissent que le grand nombre d'entre eux occupés chez les colons n'a donné lieu à *aucune* plainte. Où l'on est bien, aisément on séjourne, dit la chanson ; les forçats qui se trouvent bien chez l'habitant tiennent à y demeurer , et par suite lui fournissent un bon travail. Leur main-d'œuvre revient à 1 franc par jour.

Ce que valent les terres à sucre.

Les terres à sucre, à coton et à café, exigeant le travail des noirs, qui sont situées dans des régions insalubres, ne valent pas beaucoup d'argent alors qu'elles sont en friche. Mais il n'en est pas de même pour les terres de cette nature qui peuvent être mises en culture par le travail des blancs. Il est vrai que de telles terres sont bien rares. On ne connaît jusqu'à présent que la colonie anglaise de Natal et la Nouvelle-Calédonie qui puissent en offrir à l'émigrant.

Aussi, tandis que dans le *Queensland*, qui fait partie du continent australien, les terres à sucre sont délivrées au prix de 50 francs l'hectare, à Natal elles sont vendues, en location avec droit de préemption, aux prix suivants, savoir :

Si le payement est effectué les 1re, 2e ou 3e années. 187 fr. 50 par hectare.
    —   les 4e, 5e, 6e ou 7e —   250   00   —
    —   après la 7e année. . . . 312   50   —

Les loyers payés annuellement sont dans la même proportion, savoir : 18 francs par hectare pendant les sept premières années et 31 fr. 25 par hectare après cette période.

Tels sont les prix acceptés par les fermiers et colons anglais qui s'y connaissent, on ne peut pas le contester.

Quels avantages plus considérables offre la Nouvelle-Calédonie !

L'office d'émigration procure, dans le district des mines d'or, des terres à des prix débattus suivant leur position ; mais la colonie offre à tous les émigrants ses terres les plus fertiles, sans perte de temps. Le colon les choisit, les désigne lui-même et les obtient, sous la forme d'une location avec droit de préemption, moyennant, savoir :

Une location d'un franc par hectare et par an ;

Un prix de vente de 50 francs, 35, et 25 francs, par hectare, suivant le périmètre choisi par le colon.

Observation. — Ainsi, un colon qui acquiert en Calédonie

20 hectares de terrain à 25 francs, soit   500 fr.
    Possède immédiatement une propriété qui vaut
au taux de Natal   3,750 »
    Avantage offert par la colonie française, 3,250 fr.

On constate un même avantage pour le taux des locations,
20 hectares de terres à coton, sucre et café, à Natal, obligent
à devoir un loyer annuel de   360 fr.
    20 hectares des mêmes terres en Nouvelle-Calédonie 20 »
    Différence en faveur de la colonie française, 340 »

Usines à sucre.

La colonie compte cinq usines à sucre, dont deux sont en
pleine exploitation. Le colon qui voudra cultiver exclusivement
la canne à sucre est donc certain d'obtenir un bon prix du
produit de son travail.

Plusieurs autres sont en préparation.

Administration de la justice.

L'administration de la justice a été organisée, à la Nouvelle-
Calédonie, par décret du 28 novembre 1866. La colonie possède, depuis cette époque, un tribunal civil, une cour d'appel,
dont les membres appartiennent à la magistrature française.
Il y a, en outre, un tribunal de commerce institué à Nouméa.
Les formes de la justice française, heureusement simplifiées,
assurent au colon une équitable et bonne administration de
la justice.

Etat politique.

Par une innovation due au gouverneur actuel, M. G. de la
Richerie, aussitôt qu'il y a dans un périmètre de colonisation un certain nombre de colons, dix au moins, ils peuvent
constituer, par la voie du suffrage, une commission munici-
pale provisoire, qui administre les intérêts de la commune
future, et la représente vis-à-vis du gouvernement local. Dès
que le nombre des colons atteint un chiffre suffisant pour
que la commune de plein exercice puisse être instituée, cette

formation a lieu. En outre les colons, en appliquant le suffrage universel, seront prochainement appelés à nommer le conseil général de la colonie; qui devra suivre probablement les prescriptions de la constitution coloniale, actuellement en préparation, et qui ne tardera pas à être soumise au vote de l'Assemblée nationale. Ainsi les colons participeront au ménagement des affaires locales et de leurs intérêts particuliers.

Cultes.

Les religions sont libres à la Nouvelle-Calédonie. On y trouve des PP. Maristes, qui y furent établis même avant la prise de possession par la France en 1853. On estime à 5 000 le nombre des indigènes baptisés.

Mines d'or.

On parle ici pour mémoire des mines d'or, d'une richesse extrême, qui ont été découvertes à Mouindine, dans la vallée du Diaot, et qui sont en pleine exploitation. Le colon n'a a s'en occuper qu'au point de vue de la culture maraîchère, qui trouvera près des mineurs le plus important débouché. Les mines intéressent les agriculteurs de la vallée du Diaot particulièrement; mais nous ne l'engagerons pas à abandonner le produit certain de la terre pour le produit toujours aléatoire de la recherche de l'or, quand on n'a pas les machines coûteuses utiles à sa disposition, et qu'on ne peut compter que sur ses bras. La richesse des mines, répétons-le, c'est d'attirer une nombreuse population qui consomme les produits agricoles venus dans son voisinage et les paye à de hauts prix. On doit reconnaître que, sous ce rapport, la vallée du Diaot est particulièrement favorisée.

Prix courants des vivres à Nouméa.

Vins ordinaires, la barrique, de . . . . . . 240 à 250 fr.		00
— la caisse de 12 bouteilles 12		00
Pain, le kilogramme. 0		70
Farine, le kilogramme. 0		45
Viande, bœuf, le kilogramme. 1		50
— mouton, Id. 1		50
— porc, Id. 1		50

Pigeons, le couple.	5 fr.	00
Poulets, l'un.	5	00
Dindons, l'un.	15	00
Poissons frais, le kilogramme.	1	00
Œufs, la douzaine.	3	00
Beurre frais, le kilogramme.	5	00
— salé, le kilogramme, de... ... 3 fr. 50 à 4		00
Graisse, le kilogramme.	2	50
Fromage d'Australie, le kilogramme, de. . . . 3 à 4		00
Lait, le litre.	0	50
Fromage de lait, l'un.	0	50
Pommes de terre, le kilogramme.	0	50
Navets, le paquet.	0	25
Carottes, Id.	0	25
Choux. le kilogramme.	1	00
Haricots verts, le kilogramme.	1	00
Tomates, le kilogramme.	0	50
Oranges, la douzaine.	1	50
Pommes cannelle, l'une.	0	25
Ananas, de. . . . . . 1 fr. à 1		50

Par les prix indiqués ci-dessus, on voit quel énorme revenu le petit colon trouvera dans l'élève de la volaille et la culture maraîchère. Quant aux victuailles et au vin, qui est toujours d'une excellente qualité, ils sont à aussi bon compte qu'en France, d'où un grand bien-être pour le colon, puisqu'il gagnera plus qu'en France et ne dépensera pas davantage.

Voies et moyens d'établissement.

L'Office général d'émigration, 25, boulevard Poissonnière organisant des départs réguliers pour la Nouvelle-Calédonie, offre aux émigrants de traiter de leurs passages aux conditions suivantes, savoir :

I. — *Passages simples.*

Prix du passage, 700 francs.

Payable comptant.	450 fr.
A raison de 25 francs par an, à compter de la troisième année de l'arrivée dans la colonie, soit en 10 annuités.	250
Total.	700 fr.

Nota. — Les passagers qui voudront payer comptant obtiendront une réduction de 20 pour 100 sur le montant du passage, qui serait alors réduit à 560 francs.

II. — *Construction d'une maison.*

Cette maison, construite en béton, sur le terrain acquis par l'émigrant, mesurera 100 mètres carrés de superficie. Elle comprendra seulement les murs et la toiture. Son prix est de 2 500 francs, payables :

1° comptant au moment de l'engagement à Paris, la somme de 800 francs ;

2° en dix annuités égales à compter de la troisième année de la livraison, y compris l'intérêt annuel, de 212 fr. 50.

Nota. — En outre, le colon devra fournir dans la colonie cinquante journées de travail pour contribuer à l'érection des maisons des nouveaux colons, à bâtir dans le voisinage de la sienne ; établissement qui augmentera la valeur de sa propriété.

Cession de terre près des mines d'or.

L'Office d'émigration est en état de céder, près des mines d'or, dans la vallée du Diaot, 1 000 hectares de terre aux conditions suivantes, savoir :

1° Comptant, 35 francs par hectare ;

2° En quinze annuités, à compter de la cinquième année de la mise en jouissance, de chacune 31 fr. 10, égale au loyer annuel payé à Natal.

Argent nécessaire pour s'établir en Calédonie.

Premier exemple. — *Famille composée de trois personnes.*

	Comptant.	Terme.
1° Trois passages avec annuité,	1 350 f.	900 f.
2° Coût de la maison en béton, premier payement,	800	2 125
3° Achat de 20 hectares de terre au Diaot,	700	9 330
A reporter.. .	2 850 f.	12 355 f.

Report..... 2 850 f. 12 355 f.

4° Transit en France, 200 »

5° Outils aratoires, matelas, lingerie, volailles, graines et semences, nourriture pour huit mois, labour à forfait, etc., etc., 1 200 »

Totaux, 4 250 f. 12 355 f.

Soit un déboursé minimum indispensable à la réussite du colon, de 1 416 francs par personne.

SECOND EXEMPLE. — *Famille composée de même.*

Passages simples et demande directe de la terre au gouvernement.

Comptant. Terme.

1° Trois passages avec annuité, 1 350 f. 900 f.
2° Frais de prise de possession, 100
3° Erection d'une case en paille et terre, mémoire.
4° Vivres, outils, graines, etc., etc. 1 200
5° Plus, transit en France, 200

2 850 f. 900 f.

Soit par personne 950 francs.

Nous ne conseillons pas à un émigrant qui aurait moins de 950 à 1 000 francs par personne de se rendre à la Nouvelle-Calédonie, à moins qu'il ne soit consentant à se louer comme cultivateur à raison de 40 francs par mois et nourri.

Produit d'après l'expérience.

A l'expiration de la première année, le colon laborieux aura un revenu net, en maïs et coton, de 1 375 francs.

Les années suivantes, ce revenu s'élèvera graduellement ; enfin au bout de cinq ans il aura acquis une situation que l'on peut évaluer à un actif de 50 à 60 000 francs, donnant un revenu net annuel de 12 à 18 000 francs.

Tel est le revenu certain à atteindre avec une première mise de fonds de 1 416 francs et de 950 francs par personne ;

mais si le colon a les ressources nécessaires pour acquérir, dès le début de son exploitation, les bestiaux utiles, il obtiendra ce produit net en deux ans et demi à trois ans, car en Calédonie, comme partout, plus la première mise sera forte, plus on aura de bénéfices considérables et rapides.

Résumé.

En résumé, la Nouvelle-Calédonie présente au colon sérieux les plus grands avantages, la liberté, la sécurité et le bien-être, et, avec un travail modéré, la certitude d'arriver en quelques années à obtenir un revenu de 10 à 20 000 francs par an, tout en vivant avec le plus grand confortable.

L'acceptation par l'*Office général d'émigration* du payement d'une partie du passage en longues annuités permet au colon de se rendre dans ce pays avec aussi peu d'argent qu'il lui en faudrait pour se rendre au Canada ou à la Plata — et lui procure cet avantage inappréciable de ne pas abandonner un instant le territoire de la patrie.

On doit assimiler l'établissement en Calédonie au fait d'aller s'établir dans un autre département que celui où l'on avait coutume de vivre.

Avis aux passagers.

Le correspondant, à Nouméa, de l'Office général d'émigration assure aux émigrants tout le concours désirable et les indications nécessaires à leur arrivée dans la colonie, pour qu'ils puissent être rapidement établis. A ceux qui voudraient s'en rapporter à son correspondant du choix d'un terrain, en rapport avec leurs ressources, il offre son intermédiaire et tous les renseignements utiles. A son arrivée dans la colonie, le colon n'aurait pas une minute à perdre pour se mettre au travail, ce qui est un point à considérer.

Paris, ce 28 février 1872.

Paris. — Typographie A. Hennuyer, rue du Boulevard, 7.